So wird es gemacht:

Öffne das LÜK®-Lösungsgerät und lege die Plättchen in den unbedruckten Deckel. Jetzt kannst du auf den Plättchen und auf dem Geräteboden die Zahlen 1 bis 24 sehen.

Beispiel: Seite 2
B oder P?
Nimm das Plättchen 1 und sieh dir die Abbildung zu Aufgabe 1 an. Beginnt das abgebildete Wort mit B oder P? Das Wort Pilz beginnt mit P. Unter dem P steht die Zahl 14. Das ist die Feldzahl, auf die du das Plättchen im Lösungsgerät legen musst. Lege also das Plättchen 1 auf das Feld 14 im Geräteboden. Die Zahl 1 muss nach oben zeigen.

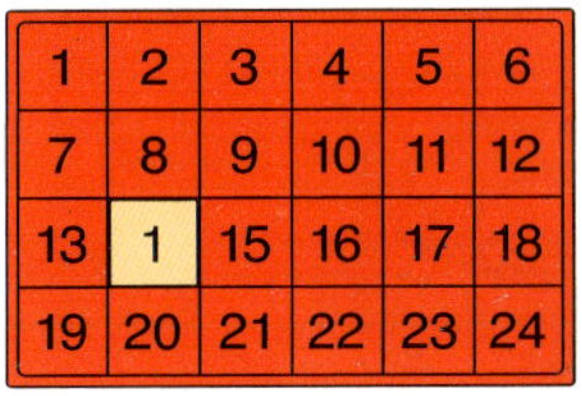

So musst du weiterarbeiten, bis alle Plättchen im Geräteboden liegen.

Schließe dann das Gerät und drehe es um. Öffne es von der Rückseite. Wenn du das bei der Übungsreihe abgebildete Kontrollmuster siehst, hast du alle Aufgaben richtig gelöst.

Passen einige Plättchen nicht in das Muster, dann hast du dort Fehler gemacht. Drehe diese Plättchen da, wo sie liegen, um, schließe das Gerät, drehe es um und öffne es wieder. Jetzt kannst du sehen, welche Aufgaben du falsch gelöst hast.

Nimm diese Plättchen heraus und suche die richtigen Ergebnisse. Kontrolliere dann noch einmal. Stimmt jetzt das Muster?

Das System ist für alle Übungen dasselbe: Die roten Aufgabennummern entsprechen immer den LÜK-Plättchen aus dem Lösungsgerät. Die Zahlen hinter den Lösungen sagen dir, auf welche Felder des Lösungsgerätes du die Plättchen legen musst.

Und nun viel Spaß!

B oder P?

Womit beginnt das Wort?

B	P
23	14
18	24
1	22
20	13
9	12
19	17
11	6
2	18
21	3
10	9
16	1
5	7

D oder T am Wortanfang?

Schaffst du das ohne Fehler?

D	T
13	20
24	2
22	15
6	19
12	4
14	16
17	11
8	10
3	5
15	23
7	21
4	8

13

14

15

16

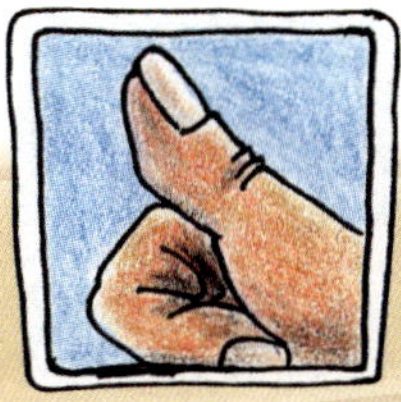

17

18

19

20

21

22

23

24

Und wieder geht es um d oder t!

Auf das Wortende kommt es an.

		d	t
1	In Höhlen gibt es nur wenig Lich★.	23	16
2	Auf dem Fel★ spielen Hasen Nachlaufen.	24	22
3	Der Sturm drückte die Wan★ ein.	19	12
4	In der nächsten Nach★ haben wir Vollmond.	21	15
5	Der Mun★ des Pferdes heißt Maul.	7	13
6	Wir spielen in der frischen Luf★.	6	23
7	Ulis Freun★ heißt Michael.	11	18
8	In meiner Familie verstehe ich kein Wor★.	16	3
9	Das Hem★ aus dem Katalog gefällt mir.	20	5
10	Dieser Satz ist schlech★.	1	8
11	Morgens trinke ich ein Glas Saf★.	2	4
12	Kein Kin★ ärgert gern die Lehrerin.	12	14

		d	t
13	Gesich ☆	10	21
14	dor ☆	15	17
15	Mon ☆	13	9
16	Win ☆	22	11
17	Zei ☆	3	6
18	Aben ☆	14	7
19	frem ☆	5	19
20	Bro ☆	8	10
21	har ☆	4	2
22	Ban ☆	18	20
23	run ☆	9	24
24	al ☆	17	1

Rechtschreibübung mit s oder z

Verlängere das Wort! Wie wird das Wort am Ende geschrieben?

		S	Z
1	Bu	11	22
2	Schmer	18	7
3	Mau	22	19
4	Prei	12	10
5	stol	5	16
6	Lo	8	13
7	Hol	9	2
8	Schwan	7	6
9	Hal	21	11
10	Her	23	15
11	Sal	3	5
12	Ei	1	14

13

S 17 Z 24

14

S 20 Z 12

15

S 10 Z 8

16

S 2 Z 23

17

S 13 Z 4

18

S 6 Z 9

19

S 14 Z 20

20

S 15 Z 17

21

S 16 Z 3

22

S 19 Z 1

23

S 24 Z 18

24

S 4 Z 21

M oder N?

Womit beginnt das Wort?

		M	N
1	… in der acht schlafen	19	7
2	… stumpfe esser schärfen	9	17
3	… udeln in der Hühnersuppe	14	12
4	… auf den üll werfen	20	24
5	… ensch ärgere dich nicht	17	21
6	… den Tieren amen geben	18	10
7	… ein eter vor dem Abgrund	4	20
8	… ägel aus dem Balken ziehen	8	1

		M	N
9	… drei inuten bis Schulschluss	23	15
10	… sich den und abputzen	6	9
11	… die atur schützen	16	14
12	… auf die ase fallen	7	3

Jetzt geht es um m oder n!

Beginnt das Lückenwort mit m oder mit n?

m	n		
10	19	… den Teufel „Stinker" _ennen	13
5	22	… _eben die Klingel spucken	14
11	2	… nicht in die Schule _üssen	15
1	8	… den Hund _icht beißen	16
15	4	… Schrauben mit Quark _ögen	17
24	6	… ein Bild ins Rechenbuch _alen	18
12	16	… auch im Gefängnis _och stehlen	19
13	11	… die Länge des Kaugummis _essen	20

m	n		
3	5	… die Schnecke _ach Hause begleiten	21
21	15	… Spüli mit Limo _ixen	22
2	23	… mit „Opa" den Lehrer _einen	23
22	18	… beim Abschreiben _ichts sehen können	24

n oder m am Wortende?

Sprich jedes Wort deutlich aus!

G/g- oder K/k-Laute?

Höre genau in jedes Wort hinein!

ei oder eu?

Welchen Laut hörst du?

eu oder äu?

Auf das Mutterwort kommt es an: träumen – Traum!

		eu	äu
13	tr … men	3	16
14	Fr … nde	6	13
15	R … ber	10	2
16	M … se	4	15
17	n …	11	8
18	H … ser	5	1
19	Sch … ne	12	17
20	L … te	21	9
21	Str … cher	16	7
22	L … fer	19	5
23	t … er	22	11
24	f … cht	8	18

Und wieder sollst du genau hinhören

Klingt hier ein a oder ein au mit?

i oder e?

Sprich jedes Wort zunächst einmal deutlich aus!

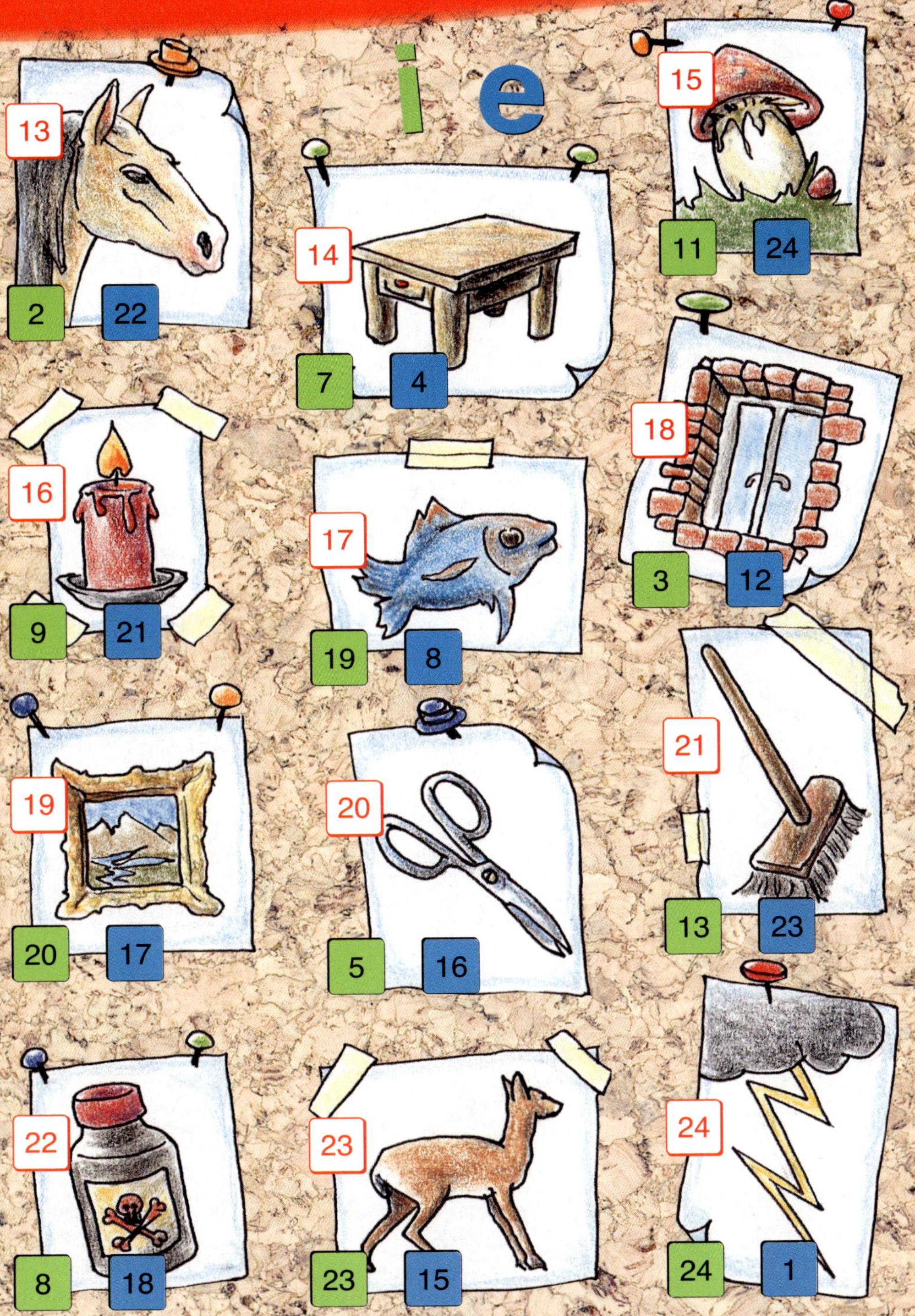

e, i oder ü?

Welchen Laut hörst du?

Hier geht es um e oder ä!

Auf das Mutterwort kommt es an: Ball – Bälle!

e ä

- 13 H xe 19 4
- 14 B lle 7 23
- 15 H nde 8 15
- 16 K rze 20 11
- 17 W lder 24 12
- 18 F nster 16 19
- 19 H fte 11 3
- 20 R der 23 8
- 21 W tter 4 20
- 22 M nner 15 24
- 23 Z hne 12 7
- 24 F lder 3 16

Eine Übung – zwei Schwierigkeiten

Das kannst du jetzt!

		e	ä
1	H _ mden	13	18
2	H _ nde	23	5
3	w _ rfen	16	21
4	N _ chte	20	2
5	h _ lfen	21	1
6	k _ nnen	18	14
7	H _ schen	7	11
8	V _ ter	4	19
9	M _ sser	15	13
10	Schr _ nke	5	22
11	w _ cken	8	16
12	W _ sche	2	24

Pf oder F am Wortanfang?

Mit welchem Buchstaben beginnt das Wort?

Noch eine Übung zu F oder Pf!

Sprich jedes Wort ganz deutlich aus!

		F	Pf
1	effer	20	23
2	alle	19	18
3	erien	21	1
4	iff	23	24
5	leisch	16	19
6	anne	22	20
7	lanze	9	14
8	aust	18	5
9	erd	21	22
10	inger	15	7
11	reitag	17	2
12	ennig	4	13

pf oder f?

Welchen Buchstaben hörst du im Wort?

pf	f
14	12
8	3
6	10
11	15
24	1
12	9
2	8
5	16
10	4
7	11
13	6
3	17

13

14

15

16

17

18

19

20

21

22

23

24

Groß- und Kleinschreibung

Welches Wort wird <u>klein</u> geschrieben?

1	BETT	21	LEGEN	3
2	NICHT	5	KIND	19
3	SESSEL	16	SITZEN	2
4	OFT	4	WALD	8
5	VORN	7	REIHE	9
6	AUF	6	DECKE	17
7	TIER	10	HELFEN	11
8	UNFALL	20	HIER	15
9	ÜBER	1	GLUT	18
10	ALLEIN	8	SEE	5
11	STADT	3	DORT	16
12	HOCH	12	BAUM	7

Welches Wort wird groß geschrieben?

13	den RING an den Finger STECKEN	9	4
14	die KORDEL an den Drachen BINDEN	17	6
15	bei SCHLECHTEM WETTER im Haus bleiben	2	13
16	in der Nacht VIELE STERNE sehen	11	10
17	dem KIND ein Märchen ERZÄHLEN	23	1
18	mit der FAMILIE in Urlaub FAHREN	14	12
19	FRISCHEN Wind am MEER lieben	15	24
20	TROCKENES Holz in den OFEN schieben	13	21
21	NUDELN lieber essen ALS Suppe	19	22
22	das SPIEL leider VERLIEREN	18	23
23	auf die FERIEN WARTEN	22	14
24	sich mit WARMEM WASSER waschen	24	20

b oder p im Wortinneren?

Welcher der beiden Laute steckt im Wort?

		b	p
1	… an der Am_el halten	20	7
2	… einen Brief schrei_en	11	24
3	… laut hu_en	14	4
4	… die Tau_en füttern	8	21
5	… in der Fa_rik arbeiten	16	2
6	… das Pa_ier verbrennen	6	12
7	… die Blumen lie_en	24	9
8	… die Ta_ete bemalen	10	20
9	… eine Schrau_e lösen	3	1
10	… im Fe_ruar feiern	15	8
11	… beim Sportfest hum_eln	7	19
12	… die Kisten sta_eln	13	23

d oder t im Wortinneren?

Sprich jedes Wort ganz deutlich aus!

d	t		
2	5	… den Kranz bin_en	13
4	6	… die El_ern lieben	14
20	10	… den Gar_en umgraben	15
1	3	… durch die Wiesen wan_ern	16
12	17	… auf Eseln rei_en	17
9	11	… in Geld ba_en	18
18	15	… viel größer wer_en	19
19	13	… dem Va_er helfen	20
21	16	… die Wun_e verbinden	21
5	18	… neue Klei_er tragen	22
17	14	… über die Schul_er schauen	23
23	22	… die Zei_ung lesen	24

Gesucht: die letzten Buchstaben!

Bei dieser Übung musst du sehr gut aufpassen!

1	Das Feuer bre … .	nt	23	nnt	15
2	Gerd ho … Eis.	lt	17	llt	19
3	Oma hö … schlecht.	rt	14	rrt	21
4	Peter i … sich.	rt	11	rrt	16
5	Hasso ke … mich.	nt	22	nnt	13
6	Ina ma … gern.	lt	24	llt	18
7	Der Ball ro … .	lt	15	llt	5
8	Das Spiel begi … .	nt	9	nnt	3
9	Meine Nase läu … .	ft	19	fft	7
10	Vater schlä … noch.	ft	2	fft	6
11	Uwe re … fort.	nt	10	nnt	4
12	Der Lehrer lo … mich.	bt	18	bbt	1

g oder ch am Wortende?

Wenn du jedes Wort verlängerst, ist die richtige Antwort leicht zu finden!

Nr.	Wort	g	ch
13	drecki	21	12
14	Bau	3	23
15	Honi	7	14
16	feindli	5	22
17	fröhli	4	11
18	Käfi	20	2
19	Krie	6	8
20	freundli	13	9
21	lusti	1	17
22	schwieri	12	20
23	schreckli	16	10
24	weni	8	24

Dopplung, ja oder nein?

Achte auf die Aufgabenstellung!

1	bi_en	t	5	tt	3
2	Bei_	n	1	nn	23
3	sti_	l	19	ll	18
4	So_e	n	8	nn	16
5	ha_en	b	23	bb	10
6	ho_en	l	14	ll	4
7	i_en	r	24	rr	19
8	Fe_ster	n	21	nn	22
9	a_es	l	9	ll	5
10	blu_en	t	12	tt	1
11	lan_en	d	10	dd	11
12	me_en	s	16	ss	8

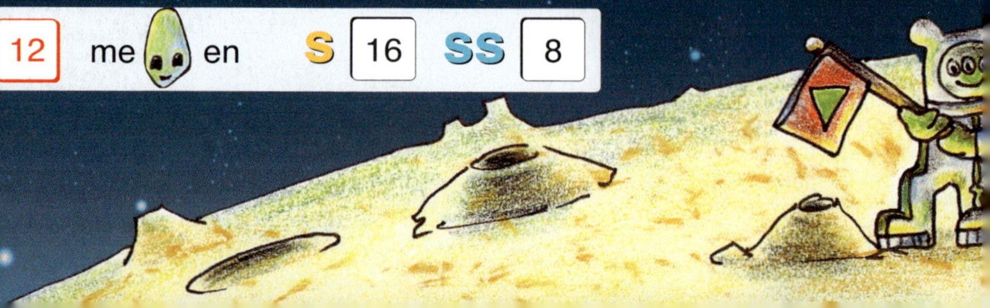

13	Ho e	s	15	ss	20
14	Kla e	s	2	ss	13
15	sti	l	3	ll	17
16	Scha	f	4	ff	14
17	Wa er	s	18	ss	7
18	Na e	s	6	ss	12
19	Mu d	n	20	nn	15
20	ko en	m	13	mm	9
21	mei en	n	11	nn	21
22	schne	l	17	ll	2
23	tre en	t	22	tt	6
24	Mi e	t	7	tt	24

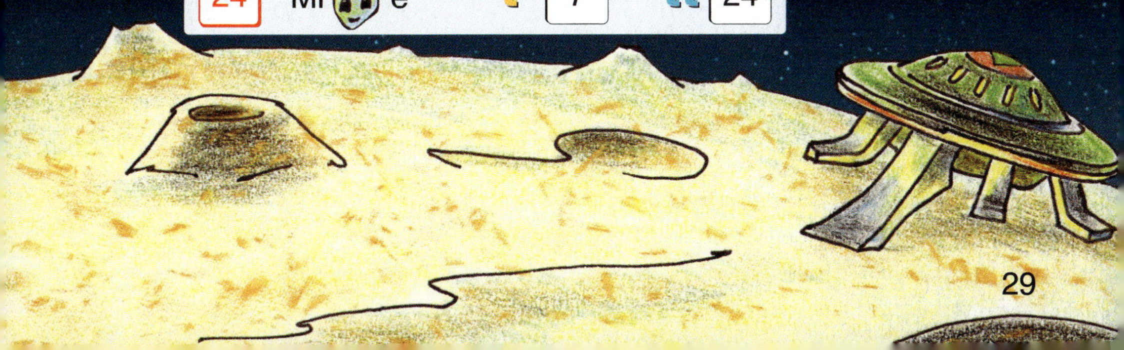

Eine Übung – Zwei Schwierigkeiten

Welche Selbstlaute gehören in das Wort?

1	D z mb r	e e e	11	e i ä	21
2	D nn rst g	o e a	7	a e o	19
3	G s cht r	ä i a	20	e i e	22
4	L s b ch	e e u	12	ä ä u	14
5	M nt g	u a ä	2	o a e	15
6	N v mb r	o e e	8	u ä ä	13
7	R d	a i u	9	a i o	1
8	S pt mb r	e e e	5	e e ä	4
9	P ll v r	u o e	21	u u a	3
10	J n r	a o a	15	a u a	16
11	M sch n	a i e	6	a ü ä	10
12	R k t	a ä e	1	a e e	2

Finde die richtige Zuordnung!

13	umfa _ en	l	24	ll	23
14	Fe _ sterglas	n	19	nn	7
15	Abendhi _ el	m	16	mm	9
16	Wohnzi _ er	m	17	mm	24
17	abho _ en	l	13	ll	5
18	einkau _ en	f	10	ff	8
19	Kilome _ er	t	14	tt	11
20	durchtre _ en	n	18	nn	17
21	Le _ ebuch	s	3	ss	6
22	hinste _ en	l	22	ll	20
23	losla _ en	s	23	ss	18
24	hinwer _ en	f	4	ff	12

Doppelt oder einfach?
Lustige Fragen!

1	Kann ein Ba__ Schi fahren?	l	3	ll	9
2	Wer kennt eine gesu__de Krankenschwester?	n	7	nn	22
3	Musst du unbedingt unter dem Stuhl e__en?	s	11	ss	12
4	Warum kannst du nicht mit dem Ohr le__en?	s	10	ss	16
5	Freut sich dein Me__er auf seinen Geburtstag?	s	19	ss	17
6	Fährt das Nashorn mit dem Ro__er über das Eis?	l	5	ll	20
7	Hat sich die Schildkröte im Kä__e versteckt?	s	1	ss	13
8	Warum wo__en Schnecken nicht hüpfen?	l	18	ll	3
9	Steckst du immer Steine in das Ki__en?	s	2	ss	23
10	Reitet dein Opa o__t auf einem Flugzeug?	f	6	ff	8
11	Sonnt sich die Kuh auf der Lei__er?	t	4	tt	15
12	Will euer Ra__io auch immer Eis essen?	d	14	dd	7

Wie wird das Wort geschrieben?

21	llt	10	lt	Die Peitsche kna .	13
9	fft	19	ft	Der Vater ru .	14
12	ppt	11	pt	Das Auto hu .	15
22	nnt	1	nt	Der Sportler re .	16
13	fft	4	ft	Der Schütze tri .	17
20	mmt	24	mt	Der Schreiner lei .	18
23	llkt	2	lkt	Die Blume we .	19
15	mmt	6	mt	Der Sommer ko .	20
17	nnt	5	nt	Das Mädchen stau .	21
8	ppt	14	pt	Der Hund schna .	22
16	rrt	21	rt	Die Scheibe kli .	23
24	llt	18	lt	Der Arzt hei .	24

i oder ie?
Setze richtig ein!

i ie

1	B_r	4	9
2	Br_f	8	17
3	F_sch	14	2
4	s_ngen	10	7
5	fl_gen	12	1
6	St_r	11	18
7	v_r	22	5
8	Kön_g	3	6
9	B_rne	13	15
10	B_ld	2	10
11	z_hen	9	4
12	K_rche	6	14

13	v_l	24	21
14	h_n	23	3
15	w_r	19	13
16	Z_l	1	22
17	h_r	5	11
18	b_s	20	23
19	T_r	17	12
20	d_r	15	16
21	m_t	7	20
22	S_g	18	24
23	m_r	16	19
24	l_b	21	8

i ie

Dehnungs-h

Wird das Wort mit Dehnungs-h geschrieben?

1	f_ren	ah	5	a	22
2	Gem_se	üh	9	ü	1
3	fr_lich	ö	21	öh	4
4	st_len	eh	6	e	20
5	Bl_se	uh	14	u	10
6	T_fel	a	2	ah	19
7	K_le	o	15	oh	8
8	schw_r	e	12	eh	13
9	H_nig	o	3	oh	6
10	L_rer	e	1	eh	9
11	z_n	e	10	eh	11
12	L_we	ö	7	öh	5

13	n men	eh	18	e	2
14	R gen	eh	4	e	14
15	K nig	öh	24	ö	16
16	f ren	ah	17	a	3
17	f len	eh	19	e	7
18	V gel	oh	8	o	15
19	z len	äh	20	ä	12
20	m gen	öh	11	ö	23
21	T ben	uh	16	u	21
22	R men	ah	13	a	18
23	B cher	üh	23	ü	24
24	f ren	üh	22	ü	17

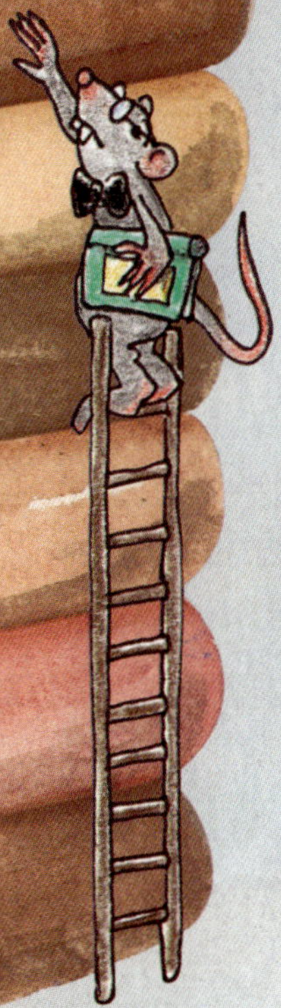

k oder ck?

Denke daran: nach l, m, n und r steht nie ck!

		k	ck
1	mel en	4	15
2	di	23	19
3	star	24	16
4	lin s	3	17
5	lo er	8	11
6	ju en	22	20
7	pi en	6	7
8	par en	15	1
9	zu er	21	23
10	mer en	12	5
11	wel en	16	3
12	ti en	20	8

13 A…er
k 7 | ck 9

14 Wol…e
k 13 | ck 2

15 Par…
k 17 | ck 4

16 Bä…er
k 11 | ck 10

17 Vol…
k 1 | ck 14

18 Ja…e
k 19 | ck 18

19 Ban…
k 2 | ck 12

20 Na…en
k 9 | ck 22

21 Zir…el
k 5 | ck 13

22 Bir…e
k 14 | ck 24

23 So…en
k 10 | ck 21

24 E…e
k 18 | ck 6

z oder tz?

Es gilt die Regel: nach l, m, n und r steht nie tz!

		z	tz
1	Der Ar … t ist fleißig.	20	23
2	Die Wur … el ist zu lang.	24	4
3	Mäuse fängt die Ka … e.	12	21
4	Der Spa … ist ein Vogel.	7	19
5	Eine Gla … e hat keine Haare.	1	16
6	Auch Bäume sind Pflan … en.	23	10
7	Der Sa … ist zu lang.	5	18
8	Die Köchin trägt eine Schür … e.	14	3
9	Bären haben Ta … en.	6	22
10	Alle Länder haben Gren … en.	15	2
11	Viele Pil … e sind giftig.	13	20
12	Wi … e sind lustig.	16	17

tz	z		
8	24	… sich mit Gabeln kra__en	13
18	12	… den Misthaufen gan__ umgraben	14
10	9	… dem Hai die Zähne pu__en	15
11	7	… auf Ohrfeigen stol__ sein	16
21	6	… vor Freude glän__en	17
9	14	… aus den Nähten pla__en	18
17	5	… sich in den Eimer stür__en	19
2	8	… die Pfanne auf den Kopf se__en	20
4	13	… Mutti unter dem Arm ki__eln	21
19	11	… den Besuch her__lich verabschieden	22
22	1	… wie ein Schwein grun__en	23
3	15	… die Faust vor dem Boxer schü__en	24

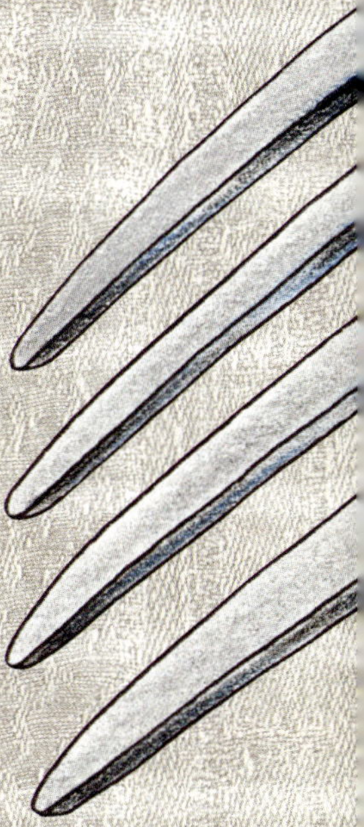

Qu oder Ku am Wortanfang?

Diese Übung ist nicht leicht!

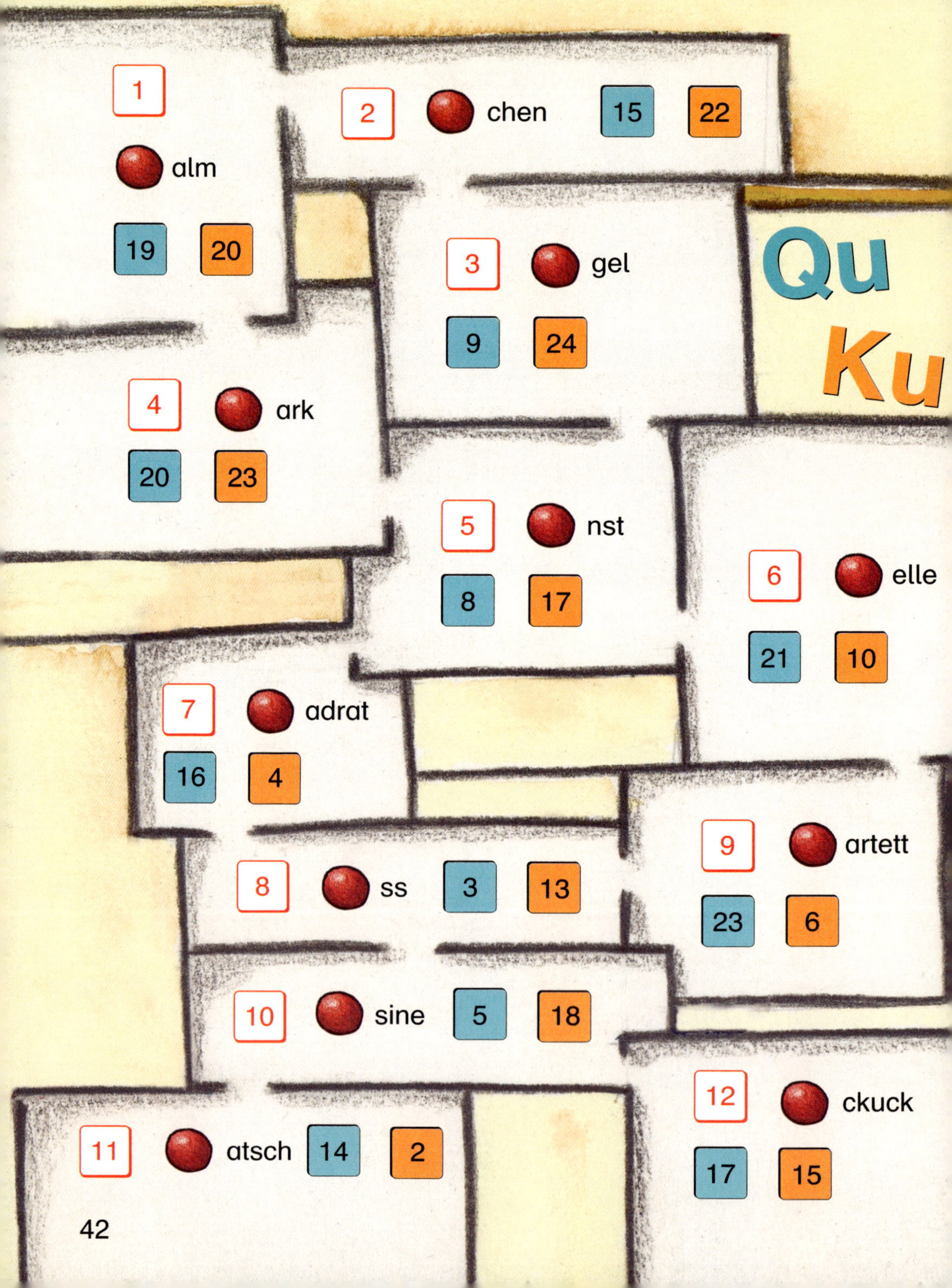

Heißt es qu oder ku?

Hier musst du gut nachdenken!

qu

ku

Nr.	Wort	qu	ku
13	● rz	22	7
14	● älen	10	1
15	● geln	24	11
16	● pferrot	13	8
17	● ietschen	4	16
18	● aken	12	14
19	● rbeln	7	3
20	● ieken	1	19
21	● rven	18	5
22	● scheln	11	9
23	● er	2	21
24	● etschen	6	12

v oder f?

Fülle die Lücken richtig aus!

Nr.		v	f
1	die Nase _oll haben	19	12
2	_iele Freunde haben	21	7
3	den Schatz _inden	4	24
4	eine _alsche Auskunft	2	8
5	_orne im Sturm spielen	5	23
6	mit _euchter Aussprache	24	22
7	_or dem Spiegel stehen	15	21
8	_risch auf den Tisch	3	13
9	_iolette Farbe benutzen	11	5
10	_ier Spieler gewinnen	18	19
11	_rei von Sorgen sein	6	2
12	nach dem Weg _ragen	8	16

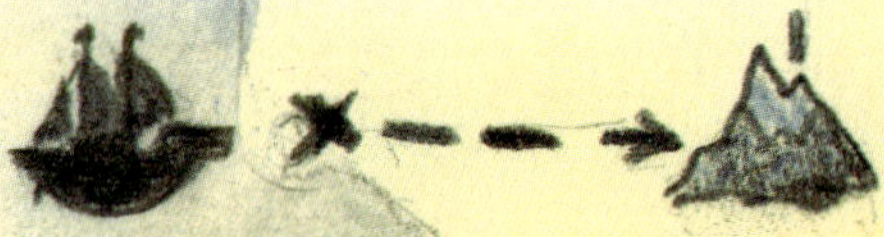

Einsetzübung mit V oder F

Schaffst du das ohne Fehler?

		V	F
13	_anilleeis mit Sahne	7	17
14	viele _erkel im Stall	13	9
15	Blumen in der _ase	23	1
16	_eilchen zum Geburtstag	20	11
17	die _enster streichen	10	3
18	_ater kann alles	12	15
19	die _liege auf der Nase	14	4
20	die _ögel füttern	1	18
21	den _ulkan besteigen	17	20
22	wie ein _rosch hüpfen	9	10
23	mit dem _üller schreiben	16	14
24	_leisch aus der Dose	22	6

Welche Silbe kommt in dem Wort vor?

1 Hampelmann
2 Ferien
3 Gartenstuhl
4 Himbeereis
5 Küchentisch
6 Arbeitsheft
7 Rosenkohl
8 Laterne
9 Wanderung
10 Fernseher
11 bezahlen
12 einkaufen

beer 12
chen 9
beits 8
ri 19
ten 10
pel 23
zah 24
de 21
kau 20
sen 7
ter 11
se 22

Wieder Übungen mit Silben!

13	Holzkiste	kis	5	ki	22
14	Sandalen	da	1	dal	7
15	Fernseher	seh	20	se	3
16	Computer	put	11	pu	18
17	Mondlandung	lan	13	la	12
18	Maurerhammer	ha	9	ham	16
19	Kopfkissen	ki	21	kis	2
20	Lockenwickler	cken	17	ken	9
21	Babynahrung	nahr	19	nah	15
22	Pferdestall	de	14	des	8
23	Lokomotive	mo	6	mot	10
24	Regenwetter	we	23	wet	4

Eine Übung – Zwei Schwierigkeiten

Finde die richtige Silbe!

1	Bäckerei	cke	8	ke	22
2	Hochgebirge	geb	24	ge	15
3	Schiedsrichter	ri	4	rich	11
4	Suppenkasper	kas	7	ka	18
5	Haltestelle	ste	19	stel	6
6	Kilometer	me	16	met	17
7	durchrosten	ro	14	ros	3
8	Vogelhäuschen	häus	2	häusch	9
9	Flughafen	haf	10	ha	12
10	Milchbecher	cher	5	bech	8
11	Kartenspieler	spie	1	spiel	7
12	Kindergarten	gart	13	gar	4